PUBLICATIONS DE LA RÉUNION DES OFFICIERS

MÉLANGES MILITAIRES

XCVIII-XCIX-C

DE LA

DÉFENSE GÉNÉRALE

DE L'ITALIE

EXTRAIT

DU RAPPORT OFFICIEL DE LA COMMISSION ROYALE ITALIENNE

PAR

M. MEERT

CAPITAINE D'ARTILLERIE

PARIS

CH. TANERA, ÉDITEUR

LIBRAIRE POUR L'ART MILITAIRE ET LES SCIENCES

Rue de Savoie, 6

1871

DE LA

DÉFENSE GÉNÉRALE DE L'ITALIE

PUBLICATIONS DE LA RÉUNION DES OFFICIERS

I. — L'Armée anglaise en 1871, au point de vue de l'offensive et de la défensive. Brochure in-12. . . . . 25 c.

II. — Organisation de l'armée suédoise. — Projet de réforme. Brochure in-12. . . . . 25 c.

III-IV. — Mode d'attaque de l'infanterie prussienne dans la campagne de 1870-1871, par le duc GUILLAUME DE WURTEMBERG, traduit de l'allemand par M. CONCHARD-VERMEIL, lieutenant au 13ᵉ régiment provisoire d'infanterie. Brochure in-12. . . . . . . 50 c.

V. — De la Dynamite et de ses applications pendant le siége de Paris. Brochure in-12. . . . . 25 c.

VI. — Quelques idées sur le recrutement, par G. B. Broch. in-12. 25 c.

VII. — Etude sur les reconnaissances, par le commandant PIERRON. Brochure in-12. . . . . 25 c.

VIII-IX-X. — Etude théorique sur l'organisation d'un corps d'éclaireurs à cheval, par H. DE LA F. Brochure in-12 . . . 75 c.

XI-XII-XIII. — Etude sur la défense de l'Allemagne occidentale, et en particulier de l'Alsace-Lorraine. Traduit de l'allemand. Brochure in-12. . . . . 75 c.

XIV. — L'armée danoise. — Organisation. — Recrutement. — Effectif. Brochure in-12. . . . . 25 c.

XV-XVI-XVII. — Les places fortes du N.-E. de la France, et essai de défense de la nouvelle frontière. Brochure in-12. 75 c.

XVIII-XIX. — Considérations théoriques et expérimentales au sujet de la détermination du calibre dans les armes portatives, par J. L., capitaine d'artillerie. Brochure in-12 . . . . 50 c.

XX — Des bibliothèques militaires, de l'établissement d'un catalogue et de la tenue des principaux registres. Brochure in-12. 25 c.

XXI-XXII-XXIII-XXIV. — L'artillerie au siége de Strasbourg en 1870. Notes recueillies par un officier de l'artillerie suisse, traduit de l'allemand par P. LADZILLIÈRE, capitaine d'artillerie. Brochure in-12 avec plan . . . . 1 fr.

XXV-XXVI. — L'artillerie de campagne des grandes puissances européennes et les canons rayés. Traduit de l'allemand par M. MÉENT, capitaine d'artillerie. Brochure in-12. . . . . . . 50 c.

XXVII. — Des canons et fusils à vapeur, par J. L., capitaine d'artillerie. Brochure in-12. . . . . 25 c.

XXVIII-XXIX. — La cavalerie de réserve sur le champ de bataille, d'après l'italien, par FOUCRIÈRE, sous-lieutenant au 81ᵉ régiment. Brochure in-12. . . . . 50 c.

XXX. — De la répartition de l'armée sur le territoire. Brochure in-12 . . . . 25 c.

1066 — Paris, Imp. H. Carion, rue Bonaparte, 64.

PUBLICATION DE LA RÉUNION DES OFFICIERS

DE LA DÉFENSE GÉNÉRALE DE L'ITALIE

EXTRAIT
DU RAPPORT OFFICIEL DE LA COMMISSION ROYALE ITALIENNE

PAR

M. MEERT
CAPITAINE D'ARTILLERIE

PARIS
CH. TANERA, ÉDITEUR
LIBRAIRIE POUR L'ART MILITAIRE ET LES SCIENCES
Rue de Savoie, 6

1872

DE LA

DÉFENSE GÉNÉRALE

DE L'ITALIE

La commission expose dans une introduction les principes qui ont servi de base à son travail (1).

Elle reconnaît quatre rôles différents à la fortification, qu'elle juge indispensable à la défense énergique et efficace d'un pays :

1° Défendre les dépôts où sont accumulés les munitions, les armes, le matériel de toute espèce, nécessaires à l'armée et à la flotte. D'où la nécessité de grandes places de dépôt assez nombreuses et distribuées dans le pays de manière à permettre toujours à l'armée et à la flotte de s'équiper et de se compléter pendant les opérations de défense.

2° Fournir des points d'appui aux armées actives, arrêter plus ou moins complétement l'ennemi, protéger de l'invasion les provinces en arrière, etc.

3° Recueillir des troupes battues et permettre leur réorganisation.

(1) Cette commission permanente, instituée par décret royal du 23 janvier 1862, se composait, à l'époque de la signature de ce rapport (11 juillet 1871), de MM. Bariola, A. Brignone, Cerroti, Longo, G. Ricci, E. Cosenz, F. Brignone, A. Petitti, Valfré, Menabrea, Pettinengo, Pianell, Della Rocca, Eugenio di Savoja.

4° Arrêter l'ennemi aux frontières, pour donner au pays le temps de mettre son armée sur pied.

La commission démontre, par les événements mêmes de la dernière guerre, l'inévitable nécessité des fortifications : toute opinion contraire est, suivant elle, une erreur manifeste. Toutefois elle voit le meilleur moyen de défense du pays dans la prompte mobilisation de ses forces, à laquelle on ne peut atteindre que par l'organisation territoriale de l'armée. Mais comme différentes causes s'opposent, en Italie, à une telle organisation, les forteresses sont encore plus nécessaires pour cet État que pour tout autre, afin d'arrêter l'ennemi jusqu'à ce que l'armée nationale soit prête, et de regagner ainsi le temps perdu par une mobilisation moins prompte.

PREMIÈRE PARTIE

PLAN GÉNÉRAL

Sans se lancer dans des considérations théoriques sur la défense des États, la commission établit son travail sur les données suivantes :

1° L'Italie est formée de deux parties : au nord, un territoire continental; au sud, la presqu'île proprement dite.

2° Dans le nord, on peut songer à un système général de défense, tandis que dans le sud le peu de largeur de la Péninsule oblige à concentrer par places la défense autour des points objectifs menacés.

3° Dans le nord, il existe déjà de puissantes forteresses, dont on tirera le plus grand parti possible ; dans le sud, elles sont moins nombreuses et beaucoup moins importantes.

4° Il est nécessaire d'adopter un système de défense différent pour chacune des deux parties, de nature si différente.

5° Mais cependant ces deux systèmes doivent concourir à

un seul but, la défense du pays; ils doivent se relier puissamment, de telle sorte que les opérations, dans l'une des parties, soient la continuation de celles qui auraient été commencées dans l'autre.

6° Enfin les travaux de fortification doivent laisser la plus grande liberté d'action aux armées qui tiennent la campagne, et ne les enchaîner en rien.

En partant de ces considérations, le plan général de la fortification se divise en :

1° Fortifications des frontières; 2° des côtes; 3° de la partie continentale; 4° de la presqu'île; 5° de la Sicile; 6° de la Sardaigne; 7° de l'île d'Elbe.

I. — FORTIFICATIONS DES FRONTIÈRES.

Pour les frontières de terre, le principe est d'intercepter tous les passages carrossables qui franchissent les montagnes par de solides ouvrages permanents, sans se préoccuper des sentiers accessibles seulement à l'infanterie, dont la défense incombe aux forces mobiles.

Les projets qui suivent sont établis conformément à ce principe, et utilisent le plus possible ce qui existe déjà ; on ne laisse sans défense que deux trouées de faible importance, la première le long des frontières de la Suisse, protégée par la neutralité de cet État, et jusqu'à un certain point, par la place de Varese; et la deuxième à l'Isonzo, où des fortifications barrières seraient moins utiles, vu la distance de ce point au cœur du pays.

FRONTIÈRES FRANÇAISES.

1. *Fort de Capra-Zoppa. N.* (1). Barre la route de la Corniche et

(1) Les numéros sont les mêmes que sur le croquis. *N* signifie complétement nouveau; *T*, à transformer de fond en comble; *C*, à conserver tel quel ou à renforcer.

couvre celle qui va de Savoie à Acqui par-dessus le col d'Altare ; empêche l'attaque par mer sur Vado et sert de point d'appui pour la défense active des contre-forts du sud de l'Apennin. Dépenses présumées : 1,200,000 fr.

2. *Fort de Melogno. N.* Défend la route qui mène de Finalbergo (côte de Ligurie) à Calizzano (vallée de la Bormida), par le col de Melogno ou Settepani ; sert de point d'appui à la défense active des contre-forts méridionaux des Apennins et de la rade de Vado. — 1,200,000 fr.

3. *Forteresse de Ceva. N.* Défend la vallée du Tanaro en barrant les différentes grandes routes et les plus petits passages qui partent des côtes liguriennes et se réunissent à Monte di Ceva, dans la vallée du Tanaro. — 2,500,000 fr.

4. *Place forte de Vintimiglia. C.* Défend la route qui vient de Nice le long des côtes.

5. *Forteresse de San Dalmazzo. N.* Défend la grande route qui passe par le col de Tende, et les plus petites qui traversent la vallée du Gesso ; sert à la défense de la vallée de la Stura. — 2,000,000 fr.

6. *Fort de Vinadio. C.* Ferme l'important passage de la vallée de Demonte (Stura). — 600,000 fr.

7. *Fort de Castel-Delfino. N.* Barre les routes qui descendent dans la vallée de Vraita par les vallées latérales de Bellino et de Ponte-chianale. — 1,000,000 fr.

8. *Forteresse de Fenestrelle. C.* Défend la grande route qui de Briançon va à Pignerol par la vallée du Chisone. — 600,000 fr.

9. *Fort d'Exilles. C.* Barre le passage du mont Genèvre dans la vallée d'Exilles (Doria-Riparia) au-dessus de Suse, et défend le nouveau chemin de fer qui de Suse va en France en traversant les Alpes. — 400,000 fr.

10. *Fortifications de Suse. N.* Barrent la grande route du mont Cenis et celle qui mène dans la vallée de Suse (Doria-Riparia) par le mont Genèvre. — 6,000,000 fr.

11. *Fort de Bard. C.* Barre le passage de la vallée d'Aoste (Dora Baltea). — 1,000,000 fr.

FRONTIÈRES SUISSES.

12. *Fort de Gravellona.* *N.* Barre la route du Simplon qui mène dans la vallée d'Ossola (de la Toce) et celle qui, partant de Bellenzona, suit la rive occidentale du lac Majeur; couvre la route qui de Gravellona part sur Orta, Gozzano, Borgamanero et Novare. — 1,000,000 fr.

13. *Place forte de Varese.* *N.* Barre les deux routes qui partant, l'une du Saint-Gothard, par la vallée du Tessin, l'autre du Saint-Bernardin, par la vallée du Misocco, se réunissent à Bellinzona, conduisent à Lugano, sur le territoire suisse, et par plusieurs chemins à Varese, sur le territoire italien. — 6,000,000 fr.

14. *Fort de Fuentes.* *N.* Barre la route du Splugen qui suit la vallée de Saint-Jacques (du Liro), celle qui suit la vallée de la Mora ou Maïra, et se réunit à la première à Chiavenna, et celle qui du Stilfser-Joch descend par la Valteline. — 1,500,000 fr.

15. *Fort d'Aprica.* *N.* Barre la route transversale qui de Fresenda, dans la Valteline (vallée de l'Adda), mène à Edolo, dans la vallée Camonica (de l'Oglio), et empêche ainsi un ennemi qui descendrait de la Valteline, de tourner le fort d'Edolo. — 600,000 fr.

FRONTIÈRES AUTRICHIENNES.

16. *Fort d'Edolo.* *N.* Ferme la vallée Camonica (de l'Oglio) en barrant la route qui, après avoir franchi la frontière au défilé de Tonale, descend dans le Bergamasque. — 800,000 fr.

17. *Forteresse de Rocca d'Anfo.* *C.* Barre la route qui venait du pays de Trente par la vallée de la Giudicaria, conduit le long du lac d'Idro dans le Brescian. — 500,000 fr.

18. *Fortifications de Rivoli.* *C.* Barrent les communications (routes et chemins de fer) qui viennent du Trentin, le long de la rive gauche de l'Adige, balayent le plateau de Rivoli. — 500,000 fr.

19. *Fortifications du monte Pipolo et du monte Moscallo.* *N.* Commandent toutes les routes qui descendent du Trentin sur la rive droite de l'Adige, et du mont Baldo dans la vallée latérale du Tasso. — 1,500,000 fr.

20. *Fort du Pas delle Fugazze.* *N.* Barre près de la frontière le chemin qui descend de Roveredo par la vallée de l'Arsa et mène de Schio dans la vallée de Vicence. — 1,000,000 fr.

21. *Fort de Primolano.* *N.* Barre la route qui va de Trente à Bassano par la vallée de la Sugana, et défend la roue de Feltre. — 1,200,000 fr.

22. *Fort de Castel-Lavazzo.* *N.* Barre les différents passages carrossables qui du Tyrol débouchent dans le haut de la vallée de la Piave, à Pieve di Cadore. — 2,000,000 fr.

23. *Fort d'Ospedaletto.* *N.* Barre les quatre routes qui descendent dans les vallées de la Fella, du But, du Degano et du Tagliamento. — 2,000,000 fr.

24. *Fort de Stupizza.* *N.* Barre la route qui de Capretto va dans la vallée de l'Isonzo, franchit la montagne à Starasella, mène à Cividale par la vallée du Natisone, et enfin à Udine. — 1,000,000 fr.

25. *Place forte de Palmanuova.* *C.* Donne un point d'appui à la défense active des frontières de l'est, défend les routes qui viennent de Gradisca, du littoral de Trieste, de Monte-Falcone, etc., et qui se réunissent en avant de Primolano.

II. — FORTIFICATIONS DES CÔTES.

Pour la défense des côtes, la commission a rejeté l'ancien et détestable système qui ne menait qu'à la dispersion des forces ; elle s'est résolue, après des études qui duraient depuis 1862, à ne considérer comme dangereuses les attaques par mer que dans le cas où l'ennemi disposerait d'un bon port propre au débarquement des troupes, et, en conséquence, elle s'est arrêtée au système suivant.

Tout port ou toute rade qui offrirait à l'ennemi un abri pour les mauvaises mers ou des facilités pour une descente doit être défendu du côté de la mer ; on ne doit enclore de fortifications du côté de la terre que les places maritimes qui contiennent des établissements importants ou qui, par leur position particulière, concourent à la défense intérieure.

Les propositions de la commission, faites d'après ce principe, ne laissent pas sur toute l'étendue des côtes d'Italie un point où l'ennemi puisse débarquer assez de troupes et établir une base d'opérations pour une expédition à l'intérieur. Il reste bien quelques endroits sur les côtes de la Méditerranée et de la mer Thyrrénienne où l'on peut opérer des débarquements par une mer tranquille, mais ils sont dans de telles conditions qu'il est impossible d'y risquer la descente d'un corps d'armée ; ils ne peuvent servir qu'à des coups de main dont on ne doit pas plus tenir compte dans un système de fortifications que des insultes tentées sur les frontières de terre par des groupes isolés qui se lancent dans les sentiers des montagnes.

On a tiré tout le parti possible de ce qui existait déjà : le seul projet important entièrement neuf est pour la Spezzia, dont il était absolument nécessaire d'assurer la sécurité par terre et par mer, but que la commission a parfaitement atteint. Elle a supprimé, au contraire, un grand nombre de batteries éparpillées, suivant les anciens errements, sur tous les points de la côte.

26. *Fortifications de la rade de Vado. T.* Assurent la rade à la flotte nationale et en écartent l'ennemi ; couvrent la route Savone-Acqui, qui mène de la côte à la Bormida. — 2,000,000 fr.

27. *Place forte de Gênes. C.* On transforme les fortifications existantes de manière à faire de cette ville une grande forteresse avec camp retranché du côté de la terre ; la ville est ainsi mise à l'abri du bombardement, et il devient possible à la garnison de la défendre contre une attaque régulière. On a en elle un point d'ap-

pui pour la défense des côtes liguriennes, et l'on préserve ce port important du nord de l'Italie, où la route de la Corniche et toutes les principales communications (routes et chemins de fer) du Piémont, de la Lombardie et du pays de Plaisance, viennent se rencontrer. — 12,000,000 fr.

28. *Place forte de la Spezzia. N.* Grande forteresse maritime avec digue intérieure en travers du golfe et camp retranché du côté de la terre ; protége avant tout le plus grand et le plus important arsenal maritime de l'État, et, en second lieu, sert de point d'appui à la défense des côtes de la Méditerranée, de Gênes à Livourne, ainsi qu'à celle des passages voisins des Apennins. — 30,000,000 fr.

29. *Fortifications de Livourne. N.* Défendent le port et la ville, surtout du côté de la mer, et peuvent, au besoin, donner un point d'appui aux forces actives de la défense contre des débarquements sur les côtes voisines. — 2,000,000 fr.

30. *Forts de Porto-Ferrajo. T.* Assurent la possession de la rade à la flotte nationale et écartent les vaisseaux ennemis. — 2,500,000 fr.

31. *Forts de Porto-Longone. T. Id., id.* — 2,500,000 fr.

32. *Place forte de Groseto. C.* Soutient la défense active du littoral des Maremmes. (On conserve simplement l'enceinte existante pour protéger le matériel qui se trouve dans cette place contre un coup de main.)

33. *Fort du mont Argentaro. N.* Empêche l'ennemi d'occuper le cap Argentaro, dont il pourrait faire sa base d'opérations contre l'Italie centrale, et aide à la défense active du littoral des Maremmes. — 1,600,000 fr.

34. *Place forte d'Orbetello. C.* Aide à la défense active du cap Argentaro et du littoral des Maremmes.

35. *Place forte de Civita-Vecchia. T.* Empêche l'occupation, par des troupes de débarquement, du port et de la ville, qui pourraient servir de base d'opérations contre Rome ; aide à la défense active des côtes voisines. — 7,000,000 fr.

36. *Fortifications du golfe degli Aranci. N.* Assurent la possession du golfe à la flotte nationale et écartent les vaisseaux ennemis. — 2,000,000 fr.

37. *Batteries de Cagliari. N.* Préservent la ville et le port de
la destruction par les navires ennemis. — 500,000 fr.

38. *Place forte de Gaëte. C.* Assure la possession de la
rade, etc...; soutient la défense active des côtes de Terracine
à l'embouchure du Garigliano. — 1,500,000 fr.

39. *Fortifications de l'île de Ponza. T.* Assurent la possession
de la rade et de l'île, etc... — 2,000,000 fr.

40. *Fortifications de Baja. T.* Assurent la possession de la rade
et les communications entre Capoue et la mer, de telle sorte que
la flotte et l'armée puissent s'entendre pour défendre Naples et le
littoral de Gaëte à Baja. — 4,000,000 fr.

41. *Fortifications du port et de la rade de Naples. N.* Défendent le port et la rade. — 2,000,000 fr.

42. *Fortifications de Castellamare. T.* Même but. —
2,000,000 fr.

43. *Fortifications du Pizzo. T.* Concourent à la défense active
du golfe de Santa-Eufémia et barrent les routes directes de Ca-
tanzaro et de Monteleone. — 2,000,000 fr.

44. *Fortifications du port Santa-Venere. N.* Défendent le
golfe de Santa-Eufémia et plus particulièrement le port en construction de Santa-Venere. 1,000,000 fr.

45. *Fortifications sur le détroit de Messine. T.* Défendent le
détroit et la ville de Messine; assurent aux troupes nationales une
position de retraite qui servirait de point d'appui pour la défense
active de la Sicile, et favoriserait en même temps les retours of-
fensifs contre un ennemi qui se serait emparé de l'île. —
10,000,000 fr.

46. *Place forte de Milazzo. T.* Assure la possession du
port, etc. — 1,000,000 fr.

47. *Batterie de Castellamare (près Palerme). C.* Riposte aux
canonnades des navires ennemis.

48. *Place forte de Syracuse.* *T.* Assure la possession de ce port important, etc. — 2,000,000 fr.

49. *Place forte d'Augusta.* *T.* Assure la possession de ce port important, etc. — 2,000,000 fr.

50. *Place forte de Tarente.* *T.* Assure la possession de cette rade importante, etc. — 2,500,000 fr.

51. *Place forte de Brindisi.* *T.* Assure la possession de cette rade importante, etc. — 1,500,000 fr.

52. *Fort d'Umana.* *N.* Défend ce point de débarquement, où l'ennemi pourrait rassembler les moyens d'attaquer Ancône par terre. 1,000,000 fr.

53. *Place forte d'Ancóne.* *C.* Assure la possession du port, etc. Barre les communications sur les côtes de la mer Adriatique, et sert de point d'appui à la défense active du versant est des Apennins. — 1,000,000 fr.

54. *Tête de pont de Cavanella d'Adige.* *C.* Protége les communications le long de l'Adige et celles qui, partant de ce point, mènent à Brondolo et à Venise par le canal Valle.

55. *Fort de Brondolo.* *C.* Assure les communications par les canaux existants de Brondolo à la terre ferme.

56. *Fortifications de Chioggia.* *C.* Empêchent l'occupation de ce point et l'entrée dans les lagunes d'une flotille de canonnières ennemies. — 500,000 fr.

57. *Place forte de Venise.* *C.* Grande forteresse maritime avec camp retranché du côté de la terre; défend les lagunes et les établissements maritimes, sert de point d'appui à l'aile droite de l'armée active qui défend les provinces vénitiennes. — 10,000,000 fr.

III. — FORTIFICATIONS DE LA PARTIE CONTINENTALE.

Pour défendre la partie continentale du pays, la commission a fait abstraction de toute hypothèse sur la marche des opérations, et elle a cherché à occuper fortement tous les points stratégiques importants pour donner de solides points d'appui à l'armée, seconder ses opérations, quelles qu'elles puissent être, couvrir le pays et utiliser toutes ses ressources dans la défense pied à pied.

Du côté de la frontière française qui s'étend de Vintimiglia au mont Blanc, la commission a eu en vue d'assurer la défense successive contre une invasion, en s'appuyant sur Gênes, Alexandrie, etc., et la retraite de l'armée soit sur le quadrilatère, soit sur Bologne, en se gardant la possibilité d'opérer sur l'une ou l'autre rive du Pô. Outre Gênes, déjà citée, elle fait les propositions suivantes :

58. *Place forte d'Alexandrie.* *T.* Étendre les ouvrages qui entourent cette place, en faire une grande forteresse avec camp retranché, de façon à assurer aux défenseurs la possession des hauteurs de Valenza, à empêcher le bombardement et à étendre le rayon d'action d'Alexandrie au delà du Pô. C'est là le point central de la défense dans les frontières de l'ouest, car cette place est le nœud des communications les plus importantes ; elle contient de nombreux établissements militaires, et à son importance capitale elle joint l'avantage d'une position exceptionnellement favorable. — 15,000,000 fr.

59. *Double tête de pont de Monti.* *N.* Étend d'une façon certaine et efficace le rayon d'action d'Alexandrie au delà du Pô, et assure à l'armée les deux voies qui traversent le fleuve (chemin de fer et chaussée). — 1,500,000 fr.

60. *Place forte de Casale.* *C.* Défend les points de passage du chemin de fer et de la chaussée sur le Pô. — 1,800,000 fr.

61. *Place forte de Pavie.* *C.* Assure le passage important du Tessin à une armée qui se retire d'Alexandrie à Plaisance, sur la rive gauche du Pô, pour défendre la Lombardie.

62. *Fortifications de Stradella.* *N.* Protégent et assurent la retraite de l'armée d'Alexandrie à Plaisance par la rive droite du Pô. — 2,000,000 fr.

63. *Place forte de Plaisance.* *T.* Transformer les ouvrages en terre actuels pour en faire une grande forteresse, avec camp re-

tranché sur la rive droite du Pô, une place de manœuvre à cheval sur le fleuve, pour la défense de l'Émilie et de la Lombardie. —20,000,000 fr.

64. *Place forte de Pizzighettone. C.* Protége le passage de l'armée au delà de l'Adda.

65. *Fortifications de Crémone. C.* Assurent surtout un deuxième point de passage sur le Pô, en aval de Plaisance, pour aider à la défense de la Lombardie par un corps détaché sur les flancs de l'ennemi.

Contre une invasion du côté de l'Autriche, la commission propose les défenses suivantes :

66. *Place forte de Peschiera. C.* Aide à la défense active des vallées de l'Oglio et du Mincio. Cette place et les trois autres du quadrilatère sont des points d'appui parfaits pour la défense, notamment contre des attaques venues des vallées de l'Oglio et de la Chiese, du Mincio ou de l'Adige. Mais il est nécessaire d'apporter quelques modifications à leurs ouvrages, qui ne répondent plus aux effets actuels de l'artillerie ou dont le tracé, fait jadis d'après le rôle qu'ils avaient à remplir, ne convient plus dans les circonstances présentes. — 1,000,000 fr.

67. *Place forte de Mantoue. C.* Grande place de dépôt et point d'appui pour la défense contre une invasion venant par les vallées de l'Adige et du Mincio. — 5,500,000 fr.

68. *Double tête de pont de Borgoforte. N.* Protége et assure ce passage important sur le Pô, étend l'action du quadrilatère et particulièrement de Mantoue sur la rive droite du fleuve. Ces deux places, le Pô et le Mincio ferment complétement le camp retranché de Serraglio. — 8,000,000 fr.

69. *Tête de pont de Santa Maria-Maddalena. C.* Défend et assure le passage sur le Pô d'une des plus importantes lignes de communication (la grande route royale et le chemin de fer de Padoue-Ferrare-Bologne).

70. *Double tête de pont de Boara. T.* Défend et assure le passage sur l'Adige de la grande route royale et de la ligne Padoue-

Ferrare-Bologne. Cette transformation des ouvrages en terre élevés en ce point en 1866 assure la retraite de l'Isonzo à Ferrare. On conserve dans le même but la tête de pont faite aussi en fortification passagère à Lagoscuro (Santa-Maria-Maddalena), en se réservant de l'agrandir au moment du besoin. — 1,000,000 fr.

71. *Tête de pont de Badia. C.* Assure le passage sur l'Adige des routes qui mènent aux collines Euganéennes, aux monts Berici et à Padoue.

72. *Place forte de Legnago. C.* Double tête de pont sur l'Adige, assure à l'armée cet autre point de passage important sur le fleuve. — 3,500,000 fr.

73. *Place forte de Vérone. C.* Grande forteresse avec camp retranché sur la rive droite de l'Adige; soutient puissamment la défense de la vallée de l'Adige et arrête une invasion qui déboucherait du Tyrol. — 10,000,000 fr.

74. *Tête de pont de Pastrengo. C.* Assure à l'armée cet autre passage sur l'Adige. — 200,000 fr.

75. *Fortifications de Sacile. N.* Place de repliement et de manœuvre sur la ligne de la Livenza, pour la défense active du Tagliamento et de la frontière, trop ouverte, de l'Isonzo. La Livenza est la seule rivière qui se prête à la défense parmi toutes celles qui coulent entre l'Isonzo et l'Adige. Comme d'ailleurs cette ligne pourrait être tournée par les vallées des Alpes à l'ouest de Sacile, on ne ferait que des ouvrages en terre, sans armement considérable à Sacile et à Motta. — 4,000,000 fr.

76. *Double tête de pont de Motta. N.* Assure cet autre passage important de la Livenza, et coopère à la défense active de la frontière, trop ouverte, de l'Isonzo. — 2,000,000 fr.

Bologne et les fortifications des passages des Apennins qui, aux environs de cette place, donnent accès dans la presqu'île, complètent la défense de la partie continentale, en opposant une deuxième et puissante barrière à l'ennemi qui pousserait en avant après la conquête de la ligne du Pô.

77. *Place forte de Bologne. T.* Grande forteresse avec deux camps retranchés, l'un dans la plaine, pour la défense de la ville, et l'autre sur les hauteurs. Soutient les opérations de l'armée active sur le Pô inférieur, couvre de la manière la plus efficace les principales communications entre la vallée du Pô et la presqu'île proprement dite. On ne peut méconnaître l'importance de Bologne : au point de vue stratégique, aussi longtemps que cette place tiendra, on pourra compter sur toutes les ressources de la péninsule italienne, et l'on conservera ouvert le débouché qui permet de reconquérir la vallée du Pô; au point de vue tactique, cette place a l'immense avantage de ne pouvoir être investie par l'ennemi, tant que les ouvrages de la plaine et ceux du mont Capra et du mont Calvo ne sont pas pris. — 10,000,000 fr.

78. *Barrage de Cisa. N.* Barre la route de Parme-Pontremoli-Carrare, etc., qui conduit de la région côtière de Ligurie et de Toscane sur le territoire de Lucques. — 1,500,000 fr.

79. *Forts d'Aulla. C.* Barrent cette même route plus au sud dans la vallée de la Magra, à environ 4 kilomètres de la vallée de l'Aulla.

80. *Barrages de Cerretto et de Sassalbo. N.* Ferment la route qui de Reggio mène par Castelnuovo (dei Monti) et Fivizzano aux côtes Tyrrhéniennes. — 500,000 fr.

81. *Barrage de San-Pellegrino. N.* Ferme la route qui se détache de la grande route Modène-Pistoie entre Pavullo et Pieve-Pelago, franchit les Apennins par les hauteurs de San Pellegrino et conduit sur le territoire de Lucques par Castelnuovo di Garfagnana. — 500,000 fr.

82. *Barrage de Rondinaja. N.* Ferme la route qui se détache de la grande route de Modène-Pistoie un peu au-dessus de Fiumalba, et, franchissant les Apennins par la hauteur de Rondinaja, descend dans la vallée du Serchio (Lucques). — 500,000 fr.

83. *Barrage* (1) *d'Abetone ou de Boscolungo. N.* Ferme la grande

(1) Le mot *barrage* a une autre acception usuelle dans notre langue : il est là comme équivalent de l'allemand *Pass sperre*, ouvrage qui barre un défilé.

route de Modène à Pistoie, qui passe les Apennins d'abord au défilé de l'Abetone à Boscolongo, et ensuite en trois autres points.
— 600,000 fr.

84. *Barrage de Futa*. N. Barre la route qui va de Bologne dans
les vallées de la Savena et du Santerno, au-dessus du pas delle
Filigare et de Pietramala, franchit les Apennins au pas de la Futa
et descend à Florence. — 1,200,000 fr.

85. *Barrage de Firenzuola*. N. Ferme le chemin qui, se déta-
chant de la route dont on vient de parler, entre Pietramala et Ca-
vigliano, conduit à Firenzuola, d'où un autre chemin, également
carrossable, qui franchit les Apennins au pas dit il Giogo, mène à
Borgo San-Lorenzo di Mugello, en Toscane. — 500,000 fr.

86. *Barrage de Casaglia*. N. Ferme la route de Faënza qui
monte la vallée du Lamone, franchit les Apennins au-dessus de
Casaglia et descend à Borgo San-Lorenzo di Mugello. —
500,000 fr.

87. *Barrage de San-Godenzo*. N. Ferme la route de Forli qui,
après avoir franchi les Apennins par les hauteurs de San-Bene-
detto, descend à Dicomano et Pontassieve, dans la vallée de la Sieve
— 1,200,000 fr.

IV. — FORTIFICATIONS DANS L'INTÉRIEUR DE LA PRESQU'ÎLE

La presqu'île étant assurée contre tout danger sérieux venant de la mer, il suffit de faire une ligne intérieure de
défense avec quelques places fortes qui serviront de bases
d'opérations pour repousser les débarquements, et de barrer
des deux côtés par des ouvrages les quelques passages qui
font communiquer, à travers les Apennins, la partie orientale
et la partie occidentale de la presqu'île.

Pour la partie orientale, la commission demande qu'au
nord on achève les fortifications d'Ancône, et qu'au sud on
élève de nouveaux ouvrages à Lucera, où les circonstances
locales permettent de se contenter d'ouvrages en terre.

Comme les côtes de la mer Adriatique se prêtent peu aux débarquements, et que de telles entreprises sont improbables au sud de la Cattolica, tant que Bologne n'est pas tombée, la commission regarde comme inutile de barrer par des ouvrages de fortification permanente les passages des Apennins au sud du Métaure (ou du pas de Bocca-Trabaria); elle a recours à la fortification passagère, dont l'emploi ne rencontrera pas dans la nature du terrain de grosses difficultés.

La situation de la partie occidentale est tout autre; elle est beaucoup plus large; la réunion du nord au sud ne se fait plus par une seule route, mais par trois lignes de communication presque parallèles, composées chacune d'un chemin de fer et d'une bonne route; enfin il s'y trouve deux objectifs extrêmement importants, Rome et Naples.

En dehors des nécessités militaires, les raisons politiques commandent de fortifier Rome : on conçoit l'importance qu'a la conservation de cette ville pour toute l'Italie, et les suites que pourrait entraîner une occupation ennemie, dont Rome est menacée par sa position aventurée dans le voisinage de la mer. Combien un tel événement pourrait devenir fatal à l'unité du royaume qui vient à peine de s'achever! Aussi est-il d'une absolue nécessité, à tous les points de vue, de faire de cette place une forteresse de premier ordre.

Naples se prête peu à une défense complète par des fortifications; mais, outre les ouvrages des côtes qui doivent détourner d'elle tous les dangers venant de la mer, elle sera protégée du côté de la terre par la grande place d'armes que l'on créera tout auprès, à Capoue.

Enfin une ligne intermédiaire de places fortes (Radicofani, Chiusi, Magione et Pérouse) doit commander les différentes communications principales au sud-ouest des Apennins ombriques et relier la défense de l'Italie péninsulaire à celle de l'Italie continentale par Bologne et les barrages des Apennins.

88. *Place forte de Lucques.* *C.* Aide à la défense active de la Toscane contre une invasion qui viendrait de l'est, c'est-à-dire par la route côtière de Pietrasanta et les différents passages des montagnes de Pise.

89. *Fortifications de Radicofani.* *N.* Défendent la route royale qui mène de Sienne à Rome par Radicofani, Acquapendente, Viterbe (via Cassia), et couvrent les routes secondaires qui vont de Radicofani à Sarteano et à Chiusi, au nord-est, et à Celle et San Cassiano dei Bagni, au sud-est. — 2,000,000 fr.

90. *Fortifications de Chiusi.* *N.* Défendent le chemin de fer et la chaussée qui, de Sienne, vont à Orvieto-Orte-Rome par Torrita et Chiusi, ainsi que la route qui part d'Arezzo et suit la vallée de la Chiana. — 5,000,000 fr.

91. *Fortifications de Magione.* *N.* Interceptent au défilé du Trasimène les importantes communications (chemin de fer et routes) entre la vallée de la Chiana et l'Ombrie. — 5,000,000 fr.

92. *Fortifications de Pérouse.* *N.* Soutiennent la position de Magione et défendent ce nœud important des communications entre les vallées de la Chiana, du Tibre et la plaine d'Ombrie. — 3,000,000 fr.

93. *Place forte de Rome.* *N.* Grande forteresse avec camp retranché. Point général de repliement pour la défense de la presqu'île. — 42,000,000 fr.

94. *Fort d'Antrodoco.* *N.* Assure la communication la plus directe entre les provinces du sud et l'Ombrie, c'est-à-dire la route qui d'Aquila passe à Citta Ducale et rejoint à Rieti la route de Salaris (?). — 1,000,000 fr.

95. *Place forte de Capoue.* *T.* Place de dépôt et point d'appui pour la défense des provinces du sud sur le versant tyrrhénien des Apennins ; couvre leurs communications principales avec Rome. — 10,000,000 fr.

96. *Fort Monteverde, près de Campobasso.* *N.* Défend le point

de jonction des routes Isernia-Campobasso, Bénévent-Campobasso, Lucera-Campobasso, et rend possible aux défenseurs des provinces du sud de manœuvrer d'un côté ou de l'autre des Apennins, en s'appuyant soit sur Capoue, soit sur Lucera. — 600,000 fr.

97. *Place forte de Lucera. N.* Aide à la défense active du pays à l'est des Apennins, de Termoli à Bari. — 4,500,000 fr.

V, VI, VII. — FORTIFICATIONS DES ÎLES

Les différents projets pour la défense des îles ont été énoncés à l'occasion de la défense des côtes, à laquelle ils se rattachent tout naturellement.

Pour conserver la Sicile, il suffit d'avoir une place de refuge reliée immédiatement aux fortifications du détroit de Messine ; par la construction de quelques ouvrages sur les hauteurs qui l'entourent, Messine devient une sorte de double tête de pont sur le détroit.

Les projets pour la Sicile portent les numéros 45 à 49, ceux pour la Sardaigne, 36 et 37, et ceux pour l'île d'Elbe, dont l'importance tient à ce que cette île serait la meilleure base d'opérations contre Livourne et Civita-Vecchia, portent les numéros 30 et 31.

Communications à créer ou à modifier pour la défense de l'Italie.

Après avoir rappelé la nécessité d'un réseau de communications approprié à la défense du pays, la commission ne fait que peu de propositions pour l'établissement de nouvelles routes, car l'Italie en possède déjà de très-bonnes sur tout son territoire, sauf dans quelques provinces du sud et les îles ; mais le système actuel de chemins de fer doit être complété par différentes créations.

Les quelques routes nouvelles à ouvrir, ou bien donnent

accès à des positions tactiques, comme les monts Berici, Euganei, Lessini, les collines de Bologne, etc., ou bien complètent des routes déjà amorcées; ainsi la route de Volturara à Campobasso, pour relier les ouvrages de Monteverde à Lucera. — Sur toutes les nouvelles routes des frontières, la commission voudrait que les ouvrages d'art (ponts, viaducs, etc.) fussent construits par le ministère des travaux publics, en y ménageant les galeries de mine nécessaires à leur destruction (1).

Pour compléter le réseau des chemins de fer, la commission demande :

1° Une ligne transversale croisant les lignes qui sillonnent la haute Italie, passant par Mantoue, Borgoforte, et aboutissant à Reggio, ou bien se divisant en deux branches sur Parme et sur Modène.

(Cette ligne est déjà en construction.)

2° La prolongation jusqu'à Mantoue de la ligne Pavie-Crémone ;

3° La ligne Parme-Spezzia ;

4° La ligne Vérone-Legnago ;

5° La ligne Mantoue-Legnago-Rovigo-Chioggia ;

6° Une ligne unissant les lignes de l'Emilie et de la Porretta, entre les stations de Larino et de Borgo-Panicale ;

7° Une ligne longitudinale dans le centre et le sud de l'Italie ; elle se composerait de cinq portions différentes, dont deux existent déjà :

a) Bologne-Faenza-Terni (existant);

b) Terni-Rieti-Avezzano-Isoletta (à construire);

c) Isoletta-Cancello-San Severino (existant);

(1) En voyant ces propositions, qui émanent de sommités militaires d'Italie, on se demande pourquoi on fait tant de bruit au delà des Alpes à propos de travaux du même genre projetés par le génie français au tunnel du mont Cenis.

d) San Severino-Eboli, sans passer par Salerne (à construire) ;

e) Eboli-Potenza et de là, par la vallée du Besiento, jusqu'au chemin qui longe les côtes de Tarente à Reggio (à construire).

8° Une ligne transversale de Valle di Sieve à Imola ou Faenza ;

9° Une ligne transversale entre les lignes de Sienne et d'Arezzo (?) ;

10° Une ligne d'Orte à Rome, sur l'autre rive du Tibre ;

11° Une ligne transversale de Rieti à Aquila et Pescara, par Popoli.

De plus, la commission demande :

12° L'établissement de deux voies sur tout le parcours des lignes principales suivantes :

a) Alexandrie-Plaisance-Bologne-Ancône ;

b) Turin-Milan-Vérone-Padoue-Venise ;

c) Florence-Bologne-Padoue ;

d) La branche de la ligne de Sienne qui s'étend de son point de jonction avec la ligne d'Arezzo, jusqu'à Orte ;

e) Les deux lignes d'Orte à Rome ;

f) La ligne d'Orte à Naples.

13° L'approvisionnement de toutes les gares principales en matériel d'embarquement et de débarquement pour les troupes, les chevaux, le matériel de guerre, etc.;

14° La construction de voies d'évitement nécessaires pour le croisement des trains aux stations principales de toutes les lignes à une seule voie.

Enfin, comme les préparatifs pour la défense du pays exigent le concours de toutes les branches de l'administration, la commission tient pour utile que l'Italie ait, comme les autres pays, une commission mixte qui examine tous les

projets de travaux publics intéressant la défense du pays, et
les mette d'accord avec les dispositions déjà prises.

*Propositions relatives aux établissements de confection et
d'emmagasinement du matériel de guerre.*

L'influence essentielle de ces établissements sur les opérations militaires exige que les dépôts soient — tous ou au
moins la plupart — dans des places fortes, et que les fabri-
ques et les arsenaux, dont l'emplacement est déterminé par
des circonstances locales, soient au moins dans des endroits
à l'abri des entreprises de l'ennemi, et protégés de manière
que les travaux puissent se continuer pendant la guerre.

On doit donc chercher à transférer à l'intérieur quelques
établissements importants, mais exposés sans défense trop
près des frontières.

Nécessité d'une flotte nombreuse et puissante.

Le plan de défense de la Péninsule repose tout entier sur
la coopération des forces navales. L'état actuel de la flotte
ne permettant pas de résister à une puissance maritime de
premier rang, le gouvernement a le devoir de relever l'état
de la flotte et de la pourvoir de tous les moyens les plus
puissants et les plus nouveaux d'attaque et de défense. Il
faudra aussi rechercher le meilleur système de mines sous-
marines, et en disposer dans les rades qui favorisent le plus
leur emploi.

RÉSUMÉ DU PLAN GÉNÉRAL DE FORTIFICATION.

Ce plan comprend 97 projets : on doit élever des fortifications complétement neuves sur 47 points, transformer de
fond en comble celles qui existent sur 19 autres, et sur les

31 restants, conserver les ouvrages dans leur état présent ou leur faire subir quelques changements sans importance.

L'exécution de ce plan exige une dépense de 306,800,000 fr., non compris les frais de l'armement de ces ouvrages, dont la commission ne donne pas le montant-présumé et qui, d'après le chiffre donné plus loin pour le plan réduit, ne peut être moindre de 40 millions; — non compris encore les frais d'établissement des magasins (4 à Rome, 2 à Capoue, 2 à Messine) et des dépôts plus petits de Venise, ensemble 1 million; du nouvel arsenal de Rome, de la nouvelle fabrique d'armes en Toscane, des 4 arsenaux de construction de Gênes, de Bologne, de Capoue et de Messine; des 4 ateliers de réparation d'armes de Plaisance, de Mantoue, de Capoue (ou de Florence) et de Messine; de l'agrandissement de l'atelier de pyrotechnie de Bologne; comportant une dépense totale de 5,500,000 fr.

Le nombre de 97 points à fortifier n'est pas énorme relativement à l'étendue et à la configuration du pays. Du reste, l'Italie n'est pas en état de soutenir la guerre à la fois sur toutes ses frontières, et tous ces points ne doivent pas être mis en même temps en état de défense; en outre, les recrues de la dernière levée et les milices pouvant y être employées comme garnisons, il n'est pas à craindre que le nombre total des troupes de garnison diminue considérablement l'effectif de l'armée mobile, sur qui repose principalement la défense du pays.

En songeant que les conditions d'existence d'un pays dépendent de son système de défense, et que la situation de l'Italie, à peine constituée, exige encore plus impérieusement que pour toute autre nation une grande sécurité, on ne trouvera pas trop forte cette dépense de 306,800,000 francs, qui est à répartir d'ailleurs sur plusieurs périodes de construction.

La commission croit avoir rempli sa tâche, car son plan est conforme aux principes généralement reconnus de la science militaire ; il répond à la configuration particulière du pays, tire tout le parti possible de ce qui existe, et fournit en faisceau au ministre de la guerre toutes les données qui lui sont nécessaires pour arrêter ses dispositions.

DEUXIÈME PARTIE

PLAN RÉDUIT

Le plan complet de défense exposé dans la première partie répond à toutes les éventualités et permet à l'Italie de résister, même seule contre plusieurs puissances. Mais les frais dépassent les ressources du pays. Aussi fut-il prescrit à la commission, par un ordre du ministère de la guerre (11 avril 1871), de chercher un plan réduit dont le devis devait atteindre environ 100 millions de francs, y compris les frais d'armement, et qui se composerait encore d'un ensemble de points fortifiés où l'armée trouverait son appui dans le plus grand nombre d'éventualités possible.

La commission ne pouvait y parvenir par des mesures partielles, en se bornant à réduire soit le nombre seul, soit l'importance seule des travaux ; dans le premier cas, elle aurait disloqué complétement le système ; dans le second, elle aurait compromis la force de résistance de chaque ouvrage. Elle se résolut donc à employer à la fois ces deux mesures, en se conformant aux principes suivants :

1º Renoncer complétement :

Parmi les places-barrières des frontières continentales, à celles-là seules qui touchent à la Suisse, en partie à cause de la neutralité de cet État, en partie à cause du moins de valeur de ces places, isolées entre des portions de frontières entièrement ouvertes ;

Parmi les défenses des côtes, à celles qui sont les plus éloignées des objectifs maritimes importants ;

Parmi les points d'appui à l'intérieur, à ceux dont le rôle peut être rempli d'une autre façon ou qui ne doivent participer que très-tard à la défense.

2° Restreindre les travaux :

Aux forts des frontières, en se bornant aux ouvrages permanents absolument nécessaires pour intercepter les routes carrossables, et remplaçant par des ouvrages isolés, indépendants, les constructions grandioses réunies pour défendre à la fois plusieurs vallées ;

Pour les défenses des côtes, en limitant les ouvrages permanents aux points les plus importants ;

Pour les places de l'intérieur, en exécutant les transformations complètes seulement sur les fronts d'attaque, et conservant les ouvrages en terre qui existent (augmenter leur profil et défendre leur gorge).

I. — FORTIFICATIONS SUR LES FRONTIÈRES

On a retranché complétement du premier projet :

La place-barrière de Castel-Delfino, parce que jusqu'ici il n'y a pas de grande route qui vienne de France par la vallée de la Vraita ;

Celles de Gravellona et de Varese, sur la frontière suisse ;

Celles de Fuentes et d'Aprica, parce que les routes de la Valteline, qu'elles devaient fermer, sont impraticables pendant la plus grande partie de l'année au passage du Stilfser-Joch.

Les transformations projetées aux forts de Fenestrelle et

de Bard sont abandonnées : ils barrent suffisamment les grandes routes dans leur état actuel.

On a réduit le fort projeté à Capra-Zoppa en tenant un plus grand compte de la force naturelle de la position et de la défense active du pays.

On a substitué à la forteresse de Ceva deux forts-barrières aux passages du Saint-Bernard et de Nava, et de même, à la forteresse de San Dalmazzo, un ouvrage au col de Tende.

Renonçant à la défense concentrée des vallées de la Doria-Ripária et de la Cenischia (cette dernière est déjà fermée par le fort d'Exilles), les fortifications de Suse sont remplacées par un ouvrage plus petit barrant la vallée en amont de cette ville.

Les dépenses pour les forts delle Fugazze, de Primolano, de Castel-Lavazzo ont été diminuées en considération de la force naturelle de ces positions et de l'énergie présumée de la défense active.

De cette façon, sans violer le principe important de la fermeture de tous les passages des Alpes, on a obtenu une économie de 20 millions.

II. — FORTIFICATIONS SUR LES CÔTES

Sont abandonnées :

Les fortifications d'Argentaro, d'importance secondaire à côté de Livourne et de Civita-Vecchia ;

Les fortifications du golfe degli Aranci et de Cagliari, en Sardaigne, ainsi que celles de l'île de Ponza, toutes sans influence sur la défense générale du pays;

Les fortifications du Pizzo, du port Santa-Venere, de Tarente et de Brindisi, à cause de leur éloignement des points objectifs importants pour l'ennemi;

Le fort d'Umana, complément des ouvrages d'Ancône, qu'on peut remettre à plus tard ;

Les ouvrages du détroit de Messine ; la fermeture de ce passage n'est pas indispensable à la défense générale du pays ;

Ceux de Milazzo, Syracuse et Augusta, pour les mêmes raisons qu'à Tarente et à Brindisi ;

Ceux de Chioggia, dont le rôle peut être en partie rempli par des bâtiments coulés, des mines sous-marines, etc.

D'importantes réductions sur les premiers projets ont été possibles :

A Gênes, en bornant les défenses de terre à l'occupation de l'Incoronata, d'où l'ennemi peut bombarder la place à 2 kilom. 1/2 ;

A la Spezzia, en bornant les travaux, du côté de la mer, au brise-lames et à deux batteries cuirassées, et du côté de la terre, aux défenses indispensables contre un coup de main ;

A Civita-Vecchia, en réduisant les projets à celui du fort des Capucins, d'où l'on peut tirer à 1 kilomètre de distance contre tout navire qui essayerait d'entrer dans le port ;

A Gaëte, où l'on n'a fait de réductions que sur les fronts de mer ;

A Baja, on abandonne les batteries de Nisida et du cap Misène, et l'on ne fortifie que les points situés sur la rade même ;

A Naples, en abandonnant la batterie, encore inachevée, de l'extrémité du nouveau môle ;

A Venise, en limitant les travaux à ce qui est strictement nécessaire pour le nouvel armement, et renonçant à renforcer les ouvrages actuels, qui, avec des canons puissants, sont déjà en état de tenir les flottes ennemies au delà de la portée du bombardement.

Toutes ces diminutions sur les fortifications des côtes ont produit une économie de 58 millions.

III. — FORTIFICATIONS A L'INTÉRIEUR DE LA PARTIE CONTINENTALE DE L'ITALIE

On a pu renoncer complétement :

A la transformation de Casale : défendre le passage du Pô en ce point n'est plus indispensable si Alexandrie étend son action au delà du Pô, en se reliant à l'ouvrage San-Salvatore, de la tête de pont de Monti ;

A la transformation de Peschiera, qui peut être suffisamment défendue, indépendamment des améliorations proposées, par suite des progrès de l'artillerie ;

A celle de Legnago, qui, grâce à sa position, est en état de seconder toutes les opérations qu'on peut tenter de ce côté ;

Aux constructions de Sacile, ainsi qu'à celles de Motta, qui n'avaient d'autre but que d'augmenter la résistance de la frontière de l'est, et ce but peut être atteint par la défense active.

Les projets à réduire sont :

Alexandrie, où l'on abandonne les travaux proposés sur les fronts du nord et de l'est : un ennemi qui viendrait de l'ouest ne pourrait y porter son attaque que par un grand mouvement tournant et le fractionnement de son armée en trois ou quatre parties séparées par le Pô, le Tanaro et la Bormida ;

Plaisance, où l'on renonce à transformer en fortifications permanentes les ouvrages en terre actuels ; cette place conserve quand même son rôle de place de manœuvre à cheval sur le Pô, rôle qui lui est assuré dejà par la forte tête de pont de San Rocco et le fort détaché de Stradella ;

Mantoue et Borgoforte, où l'on se borne aux ouvrages proposés au nord pour la première, et des deux côtés du Pô pour la deuxième, ce qui suffit pour étendre le rayon d'action du quadrilatère au delà du Pô ;

Vérone, où l'on renonce aux améliorations proposées en vue des effets de l'artillerie moderne pour les ouvrages de la rive droite de l'Adige, tandis que les améliorations et les nouvelles constructions projetées sur les fronts du nord et sur la rive gauche de l'Adige doivent être exécutées, car c'est de ce côté que l'attaque viendrait en cas de guerre avec l'Autriche ;

Mestre (1), où l'on rejette les quatre ouvrages proposés comme tête de pont : on renonce pour le moment à étendre le rayon d'action de Venise sur la terre ferme ; on protége simplement le fort Malghera contre une attaque par terre et un blocus complet, par la construction d'un fort sur la position du Campo-Alto.

Enfin les projets de Bologne ne peuvent subir aucune réduction : une dépense de 10 millions est bien peu de chose en regard de l'importance de la place.

Les réductions de ce chapitre forment un total de 45 millions.

IV. — FORTIFICATIONS DE L'INTÉRIEUR DE LA PRESQU'ÎLE

On abandonne complétement les divers projets de fortification sur la ligne centrale entre les Apennins bolonais et

(1) Les fortifications de Mestre sont probablement comprises dans le projet relatif à Venise, du plan complet.   (N. du Trad.)

Rome, parce que ces places ne serviraient que tard dans le cours d'une guerre, et l'on aurait le temps d'y installer des défenses provisoires.

On peut encore renoncer entièrement aux fortifications de Lucera et de Monteverde, parce qu'elles servent à la défense d'une portion du pays qui ne peut être un objectif important pour l'ennemi, et toute tentative pour pénétrer de là jusqu'au cœur du pays se heurterait à de grands obstacles, les Apennins et Ancône.

La commission a trouvé de grandes difficultés à opérer des réductions sur les 42 millions destinés aux travaux autour de Rome, à moins d'enlever à cette place son caractère de grand camp retranché et de l'exposer au bombardement. La nécessité d'occuper tous les points dominants interdisait de rétrécir la circonférence des forts extérieurs : on n'a pu économiser que sur cinq forts de première ligne, dont les abords sont assez bien battus par les ouvrages collatéraux pour qu'il suffise d'y élever, en temps de guerre, des ouvrages provisoires. On a abandonné aussi le petit ouvrage du Monte-Autenna, en deuxième ligne; diminué l'étendue et la force de l'ouvrage du Monte-Mario, et enfin on a renoncé à tous les travaux d'agrandissement et d'amélioration de l'enceinte, qui, même dans l'état présent, assure la place contre un coup de main. De cette façon, on a réduit la dépense pour Rome à près de la moitié, 22 millions.

Le but de Capoue est surtout de servir de place de dépôt et de point d'appui pour la défense des provinces du sud, dont elle assure les communications pour Rome : on peut encore atteindre ce but en se contentant d'étendre l'enceinte actuelle de manière à embrasser l'espace nécessaire pour les magasins, et d'interdire les points dominants à l'ennemi par de petits ouvrages; on obtient encore ainsi une réduction de 10 millions à 6.

L'économie totale sur ce chapitre monte à 42 millions.

V, VI, VII. — ÎLES DE SICILE, DE SARDAIGNE, D'ELBE

Le premier projet de la commission était déjà trop parcimonieux quant à la défense de la grande et riche île de Sicile pour qu'il pût être question d'apporter quelques réductions aux fortifications de terre de Messine.

On renonce, au contraire, complétement aux ouvrages permanents de la Sardaigne. Les fortifications de l'île d'Elbe sont d'autant plus nécessaires pour servir de point d'appui à la flotte dans la défense de la presqu'île que toutes les réductions opérées impliquent nécessairement une défense active des plus énergiques.

CONCLUSION

Le deuxième projet monte encore à un total de 142 millions, et si l'on y comprend les frais d'armement, les magasins, les arsenaux, etc., la dépense totale serait de 183 millions 500,000 francs environ.

Cette somme dépasse encore énormément la limite imposée par le ministre, mais la commission, après des essais répétés et infructueux, déclara qu'on ne pouvait aller plus loin dans cette voie, à moins de tenir compte des combinaisons politiques ou de mettre en péril l'avenir du royaume.

Naturellement toutes les propositions faites pour le réseau des communications subsistent dans leur intégrité, de même que celles qui traitent de l'accroissement de la flotte, puisque celle-ci est l'âme de la défense sur toute l'étendue des côtes, et doit suffire de plus à la protection de la Sardaigne.

La commission croit devoir faire remarquer en terminant que ce projet, réduit aux travaux les plus indispensables, doit être exécuté dans le plus bref délai, car si l'on tardait ou si l'on n'en faisait qu'une partie, toute complication des affaires européennes où l'Italie serait impliquée mettrait en péril les destinées du royaume.

Explication des signes
Forteresse de 1er ordre
id ___ 2e
id ___ 3e
id ___ 4e
Places que l'on conserve avec une simple enceinte non armée
Forts (Places-barrières)
Stations pour la flotte, 1re Sie
id ___ 2e
id ___ 3e
Batteries de côte
Chemins de fer proposés

LISTE DES PUBLICATIONS

DE LA

RÉUNION DES OFFICIERS

MÉLANGES MILITAIRES

N°s 1. L'ARMÉE ANGLAISE EN 1871, au point de vue de l'offensive et de la défensive. Paris, Tanera. . . . . Prix : 25 c.

2. ORGANISATION DE L'ARMÉE SUÉDOISE. Projet de réforme. Paris, Tanera . . . . 25 c.

3 et 4. MODE D'ATTAQUE DE L'INFANTERIE PRUSSIENNE dans la campagne 1870-71, par le duc Guillaume de Wurtemberg, traduit de l'allemand par M. Conchard-Vermeil. Paris, Tanera. 50 c.

5. DE LA DYNAMITE et de ses applications pendant le siége de Paris. Paris, Tanera. . . . . 25 c.

6. QUELQUES IDÉES SUR LE RECRUTEMENT, par G. B. Paris, Tanera. . . . . 25 c.

7. ETUDE SUR LES RECONNAISSANCES, par le commandant Pierron. Paris, Tanera. . . . . 25 c.

8, 9 et 10. ETUDE THÉORIQUE sur l'organisation d'un corps d'éclaireurs à cheval, par H. de La F. Paris, Tanera . 75 c.

11, 12, 13. ETUDE SUR LA DÉFENSE DE L'ALLEMAGNE OCCIDENTALE, et en particulier de l'Alsace-Lorraine. Traduit de l'allemand. Paris, Tanera. . . . . 75 c.

14. L'ARMÉE DANOISE. Organisation. Recrutement. Instruction. Effectif. Paris, Tanera. . . . . 25 c.

15, 16, 17. LES PLACES FORTES du N. E. de la France, et Essai de défense de la nouvelle frontière. Paris, Tanera . . 75 c.

18, 19. DE LA DÉTERMINATION DU CALIBRE dans les armes portatives, par J. L., cap. d'artillerie. Paris, Tanera. 50 c.

70. DE L'ARMEMENT DE L'ARTILLERIE DE CAMPAGNE. Traduit de l'allemand par d'Astier de La Vigerie, capitaine d'artillerie. Paris, Tanera. . . . . 25 c.

71, 72, 73. LES MANŒUVRES DE LA GARDE PRUSSIENNE EN 1872, par M. Weil. Paris, Tanera . . . . 75 c.

74. SIMPLIFICATIONS ET MODIFICATIONS AU TITRE VI DU RÈGLEMENT SUR LES MANŒUVRES DE L'INFANTERIE, par M. d'Ussel, capitaine au 27e bataillon de chasseurs. Paris, Tanera. 25 c.

75, 76. NOTES SUR L'EMPLOI DU TEMPS DES TROUPES PRUSSIENNES, suivi de quelques considérations générales sur l'armée française, par M. Dally, capitaine au 102e de ligne. Paris, Tanera . . . . 50 c.

77, 78, 79. MÉMOIRE SUR L'ORGANISATION DES BUREAUX DES ÉTATS-MAJORS ET DES SECRÉTAIRES DES ÉTATS-MAJORS, par Warnet, lieut.-colonel d'état-major. Paris, Tanera. 75 c.

ENCYCLOPÉDIE MILITAIRE

1. LES CANONS GÉANTS DU MOYEN AGE ET DES TEMPS MODERNES, par R. Wille, lieutenant de l'artillerie prussienne. Traduit de l'allemand par MM. R. Colard et S. Bouché, lieutenants d'artillerie. 1 volume in-8°. Paris, Tanera. . 3 fr.

2. LES MITRAILLEUSES ET LEUR EMPLOI PENDANT LA GUERRE DE 1870-1871, par Hermann, comte Thürheim, capitaine bavarois. Traduit de l'allemand par E. J. Brochure in-8°. Paris, Tanera. . . . . 1 fr. 25

3. MÉMOIRE sur la permanence de l'armement de défense et sur l'emploi des cuirasses métalliques dans les fortifications d'Anvers, Plymouth et Portsmouth, par le baron Berge, lieutenant-colonel d'artillerie. 1 vol. in-8° avec planches. Paris, Tanera. . . . . 3 fr.

Sous presse :

ÉTUDE SUR LE RÉSEAU DE CHEMINS DE FER FRANÇAIS considéré comme moyen stratégique, par L. de Tromenec, capitaine d'artillerie. 1 vol. in-8° avec carte. Paris, Tanera.

GUIDE pour la préparation des plans de marche et des transports de troupes par les chemins de fer, par A. Le Pippre, chef d'escadron d'état-major. 1 vol. in-8º avec planches et carte. Paris, Tanera.

ENTRETIENS MILITAIRES

L'ARMÉE PRUSSIENNE, par M. Lahaussois, sous-intendant militaire. Paris, Dumaine. . . . . 60 c.

HYGIÈNE MILITAIRE, par le docteur Jules Arnould, médecin-major de 1re classe, Paris, Dumaine. . . . . 60 c.

DES TIRAILLEURS, DE LEUR INSTRUCTION, DE LEUR EMPLOI, par M. Herbinger, cap. adjudant-major au 1er prov. Paris, Dumaine . . . . 60 c.

PRINCIPES RATIONNELS DE LA MARCHE DES IMPEDIMENTA DANS LES GRANDES ARMÉES, par M. Anatole Baratier, sous-intendant militaire. Paris, Dumaine. . . . . 1 fr.

DE L'ADMINISTRATION MILITAIRE, par M. Lewal, colonel d'état-major. Paris, Dumaine. . . . . 1 fr.

DE L'ADMINISTRATION MILITAIRE ET DU FONCTIONNEMENT DES SERVICES ADMINISTRATIFS.— Réponse à M. le colonel Lewal, par M. Anatole Baratier, sous-intendant militaire. Paris, Dumaine. . . . . 1 fr.

DE L'AÉROSTATION MILITAIRE, par M. Delambre, capitaine du génie. . . . . 75 c.

DE LA PHOTOGRAPHIE et de ses applications aux besoins de l'armée, par M. Dumas, capitaine d'état-major, chef du service photographique au ministère de la guerre. . 75 c.

INSTRUCTION DE L'INFANTERIE, préparation au service de guerre, par M. Percin, capitaine du génie. . . . . . . 75 c.

DE L'EMPLOI MILITAIRE DES CHEMINS DE FER, par M. Delambre, capitaine du génie . . . . 75 c.

DE L'ENSEIGNEMENT DE LA GÉOGRAPHIE, par M. Bourboulon, chef de bataillon. 75 c.

RÈGLEMENTS ÉTRANGERS

RÈGLEMENT DU 3 AOUT 1870 SUR LES EXERCICES DE L'INFANTERIE DE L'ARMÉE ROYALE DE PRUSSE. Traduit de l'allemand par J. Monlezun, lieutenant au 120ᵉ régiment d'infanterie. 1 volume in-12 avec figures et planches de musique donnant toutes les sonneries et batteries. Paris. Tanera. 4 fr.

INSTRUCTION DU 9 JUIN 1870, CONCERNANT LE SERVICE DE GARNISON DE L'ARMÉE PRUSSIENNE. Traduit de l'allemand par MM. Samion et Laplanche. Brochure in-12. Paris, Berger-Levrault. . . . . 1 fr. 25

Sous presse :

MANUEL DU SAPEUR D'INFANTERIE. Instruction pratique spéciale. Traduit de l'italien. 1 volume in-12 avec cent planches. Paris, Tanera.

INSTRUCTION DE 1870 SUR LE SERVICE EN CAMPAGNE DE LA CAVALERIE DE L'ARMÉE SUÉDOISE. Traduit du suédois par MM. Siwers et Martin. 1 vol. in-12, avec figures dans le texte. Paris, Tanera.

RÈGLEMENT DE 1870 SUR LES EXERCICES DE LA CAVALERIE AUTRICHIENNE. Traduit de l'allemand par V. Zeude, chef d'escadron de cavalerie. 1 vol. in-12. Paris, Tanera.

OUVRAGES DIVERS

ORGANISATION DE L'ARMÉE DE L'ALLEMAGNE DU NORD. Recrutement et libération. Traduit de la 12ᵉ édition de l'ouvrage sur l'organisation de l'armée allemande, du général de Witzleben par le commandant Le Maître. Paris, Berger-Levrault. 2 fr.

COURS RÉDUIT DU TIR, par Borreil, capitaine au 124ᵉ de ligne. 2ᵉ édition. 1 volume in-12. Paris, Dumaine . . . . . 60 c.

MANUEL D'HYGIÈNE et de premiers secours. Traduit de l'allemand par le docteur Bürgkly. Br. in-12. Paris, Dumaine . . 60 c.

MANUEL DU SOLDAT. I. Service intérieur. II. Instruction sur le démontage, le remontage et l'entretien de l'arme. III. Notions sur le tir du fusil d'infanterie. IV. Transport des troupes d'infanterie au chemin de fer. V. Notions d'hygiène. VI. Service des places. VII. Service en campagne. 1 volume in-18 cartonné. Paris, Tanera . . . 50 c.

Etudes sur l'art de conduire les troupes (2e partie), par Verdy du Vernois. Traduit de l'allemand par Masson, capitaine d'état-major. 1 vol in-12. Paris, Dumaine, et Bruxelles, Muquardt, 1872 . . . . 2 fr. 50

Les Trains sanitaires. Etude sur l'emploi des chemins de fer pour l'évacuation des blessés et malades en arrière des armées, par le Dr Morache. Brochure in-8°. Paris, Dumaine, 1872 . . . . 1 fr. 50 c.

Construction et destruction des chemins de fer en campagne, par Wibrotte. Brochure in-8° avec figures. Paris, Dumaine. . . . . 1 fr.

LE BULLETIN

DE LA

RÉUNION DES OFFICIERS

Paraît tous les samedis; chaque numéro contient de 32 à 48 colonnes de texte, des figures, etc. Il est rédigé, en collaboration, par les officiers de l'armée.

La cotisation annuelle, pour être membre de la Réunion et recevoir le Bulletin, est de 15 fr. (Voir les Statuts, art. 2 et 9.)

Toute personne, en dehors des membres de la Réurion, qui voudra recevoir le Bulletin, pourra s'y abonner au prix de 4 fr. par trimestre, pour la France et l'Algérie (étranger port en plus).

Les numéros [disponibles antérieurs à l'inscription, seront envoyés gratuitement.

LE PETIT

BULLETIN DU SOLDAT

Publié sous le contrôle de la Réunion des Officiers

Paraît tous les dimanches

Chaque numéro contient 12 colonnes de texte et coûte 5 centimes

On peut prendre des abonnements au prix de 3 fr. par an

ANNUAIRE

DE LA

RÉUNION DES OFFICIERS

POUR 1873

CONTENANT

L'historique de la Réunion, les Statuts, la Liste de tous les membres de la Réunion inscrits jusqu'à ce jour, un historique de l'année pour les différentes puissances de l'Europe, de nombreux renseignements, etc., etc. — Environ 300 pages compactes.

Prix : 3 francs

Paris. — Imp. H. Carion, 64, rue Bonaparte.